Los nachos de
NACHO

La historia detrás de la botana favorita del mundo

por **SANDRA NICKEL**

ilustraciones de **OLIVER DOMINGUEZ**

traducido por **LUIS HUMBERTO CROSTHWAITE**

Lee & Low Books Inc.
Nueva York

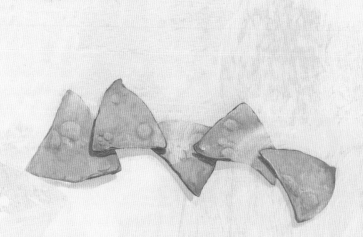

LEE & LOW BOOKS INC., 95 Madison Avenue, New York, NY 10016, leeandlow.com
Traducción del texto por Luis Humberto Crosthwaite
Editado por Louise E. May
Diseñado por Christy Hale
Producido por The Kids at Our House
Tipografía: Zapf Renaissance
Las ilustraciones están reproducidas en acrílico, gouache, tinta y lápices de colores
Impreso en China por RR Donnelley
1 3 5 7 9 10 8 6 4 2
Primera edición

Library of Congress Cataloging-in-Publication Data
Names: Nickel, Sandra, author. | Dominguez, Oliver, illustrator. | Crosthwaite, Luis Humberto, 1962– translator.
Title: Los nachos de Nacho : la historia detrás de la botana favorita del mundo / por Sandra Nickel ; ilustraciones de Oliver Domínguez ; traducido por Luis Humberto Crosthwaite.
Description: Primera edición. | New York : Lee & Low Books, Inc., [2023] Translation of Nacho's nachos. | Includes bibliographical references. | Audience: Ages 5–10 |
Summary: "A picture book biography of Ignacio (Nacho) Anaya, a waiter at the Victory Club in Piedras Negras, Coahuila, Mexico, and the events surrounding the creation, in 1940, of the globally popular tortilla chip, cheese, and jalapeño pepper snack that bears his name: nachos"—Provided by publisher.
Identifiers: LCCN 2023001825 | ISBN 9781643796666 (paperback) | ISBN 9781643796833 (ebk)
Subjects: LCSH: Anaya, Ignacio, 1895–1975—Juvenile literature. | Nachos—Juvenile literature. | Waiters—Mexico—Biography—Juvenile literature. | Restaurateurs—United States—Biography—Juvenile literature. | Snack foods—Texas—Juvenile literature.
Classification: LCC TX649.A495 N5318 2020 | DDC 641.5092 [B]—dc23/eng/20230210

MIX
Paper | Supporting responsible forestry
FSC® C144853
FSC
www.fsc.org

las familias de Ignacio Anaya, Mamie Finan
y Rodolfo de los Santos —*S.N.*

 mis chicos, ¡Aubrey and Gage! —*O.D.*

En 1895 nació un niño en el norte de México. Su nombre era Ignacio Anaya y, como sucede con muchos Ignacios, lo llamaban Nacho.

Los papás de Nacho fallecieron cuando él era pequeño, así que se fue a vivir con una mamá adoptiva. Le encantaba sentarse en la cocina mientras la veía hacer quesadillas. Ella calentaba las tortillas de maíz, les ponía queso, las doblaba y las tostaba hasta que se volvían doradas y el queso se derretía. Nacho se comía una quesadilla tras otra.

Nacho aprendió a cocinar con su mamá adoptiva. Y conforme crecía también se volvió muy bueno con otras tareas de la cocina.

Cuando Nacho cumplió 23 años, encontró trabajo en un restaurante. Estaba dispuesto a hacer lo que fuera necesario: acomodar a los clientes, repartir menús, tomar pedidos y servir la comida. La gente sonreía cuando Nacho iba de una mesa a la otra. Tenía un talento especial para hacer felices a los comensales.

En la ciudad mexicana de Piedras Negras, Rodolfo de los Santos oyó hablar de Nacho. Rodolfo estaba por abrir un restaurante llamado Club Victoria, justo al otro lado del Río Grande y de Eagle Pass, Texas, en los Estados Unidos.

El Club Victoria tenía su propia orquesta, un área para bailar llamada Moonlight Patio y cuatro menús diferentes que incluían de todo, desde carnes y mariscos hasta antojitos mexicanos. Rodolfo quería la mejor música, la mejor comida y los mejores empleados, entre los cuales estaba Nacho.

Los clientes del Club Victoria venían tanto de México como de Estados Unidos. Cuando llegaban, Nacho se aseguraba de que todos se sintieran bienvenidos. Nacho sabía cómo agradar incluso a Mamie Finan.

Mamie vivía en Eagle Pass, pero era conocida en ambos lados de la frontera por ser una excelente cocinera. En casa servía a sus invitados mermelada de jalapeños, crepas francesas y caldo de ostiones. Quería saborear los nuevos platillos del Club Victoria.

Una tarde de 1940, durante las horas tranquilas del Club Victoria, entre la comida y la cena, Mamie llegó con tres amigas.

—Nacho, estamos cansadas de las mismas botanas —dijo Mamie—. ¿Podrías prepararnos algo nuevo? ¿Algo distinto?

Nacho sonrió y se dirigió a la cocina.

Pero Nacho tenía un problema. No se le ocurría qué hacer.
Y lo peor de todo, no estaban los cocineros, y no encontraba
a Rodolfo por ningún lado.

Nacho abrió las alacenas. Buscó en el refrigerador.
Finalmente encontró un tazón de trozos de tortilla acabados
de freír. Así fue cómo se le ocurrió la idea.

Con cuidado, Nacho
esparció los trozos de tortilla
sobre un plato.

Los roció con
queso cheddar,

y cubrió cada trozo
con una tira de chile
jalapeño en escabeche.

Como un toque especial,
metió las tortillas al horno
hasta que el queso se derritió y
adquirió un color dorado como
el de las quesadillas que hacía
su mamá adoptiva.

Nacho se apresuró a sacar el plato de la cocina y ponerlo sobre la mesa. Mamie tomó una tortilla y la saboreó.

La tortilla caliente, crujiente. El queso cheddar derretido. Una rebanada de jalapeño.

¡Tan sencillo! ¡Tan delicioso! ¡Tan espectacular!

—¿Cómo se llama esta botana? —preguntó Mamie.

Nacho sonrió.

—Bueno —dijo—, supongo que podríamos llamarla Nacho's Special.

Mamie y sus amigas pidieron otra porción... y otra. Comieron hasta que no quedó un solo bocado de la nueva y crujiente botana.

Cuando la mujer finalmente se marchó un par de horas más tarde, Nacho ya se había ido a casa. Pero, al salir del Club Victoria, las mujeres se cruzaron con amigos que llegaban a cenar. Les dijeron a todos que pidieran el delicioso platillo nuevo: Nacho's Special.

Tan pronto como Nacho llegó a trabajar
el siguiente día, los meseros se amontonaron
a su alrededor. Querían saber cuál era el
Nacho's Special. Los clientes lo pedían desde
la noche anterior.

Nacho se dirigió a la cocina y empezó a
cocinar.

Rodolfo veía comer a sus clientes. Como mesero, Nacho hacía sonreír a la gente cuando les servía. Pero sus sonrisas eran aún más grandes cuando comían lo que Nacho cocinaba.

Rodolfo nombró a Nacho chef ejecutivo y lo puso a cargo de hacer feliz a los comensales. También agregó el platillo de Nacho a todos los menús del Club Victoria.

Año tras año, el Nacho's Special se volvía más famoso. Restaurantes de todo México y los Estados Unidos comenzaron a servir el platillo. Algunos añadían frijoles, otros añadían guacamole y, en algún momento, los restaurantes comenzaron a llamarlo simplemente "nachos".

La gente seguía llegando a Piedras Negras. Querían comer nachos en la ciudad donde se habían inventado. ¡Hasta un presidente de los Estados Unidos y famosos actores mexicanos y norteamericanos llegaban a probar la crujiente y picante botana con queso!

Nacho's

Cuando el Club Victoria cerró en 1961, Nacho decidió abrir su propio restaurante. Encontró un lugar en Piedras Negras, puso mesas y sillas, eligió el menú y se aseguró de tener muchas tortillas, queso cheddar y chiles jalapeños a la mano.

Una vez que todo estuvo listo, puso su letrero en la puerta.

Llamó a su restaurante Nacho's y su platillo más popular era, por supuesto, ¡los nachos de Nacho!

NACHOS ORIGINALES

Los niños necesitarán ayuda de un adulto para esta receta.

5 tortillas frescas de maíz, cortadas en
   cuartos y fritas, o 20 totopos
2 tazas de queso cheddar rallado
20 rajas de chile jalapeño en escabeche*

taza medidora
papel para hornear, grande
cucharas medidoras
agarraderas o guantes para
   horno

1. Precalienta el horno a 230°C.

2. Extiende las tortillas fritas (totopos) en una sola capa sobre el papel para hornear.

3. Cubre cada tortilla frita (totopo) con una cucharada grande de queso y una raja de jalapeño.

4. Introduce los nachos preparados a un horno precalentado durante cuatro minutos o hasta que el queso se derrita.

5. Usa agarraderas o guantes para retirar los nachos del horno.

6. Deja enfriar los nachos por dos minutos. Después, ¡come y disfruta!

Rinde para cinco porciones de cuatro piezas.

*Los jalapeños son chiles picantes. Si no encuentras rajas de jalapeños en escabeche, usa rodajas. Y si lo picante no te gusta, intenta con algo más suave como chiles güeros en escabeche.

EPÍLOGO

Ignacio Anaya García nació en San Carlos, Chihuahua, México, en 1895. Trabajó en restaurantes en San Angelo, Texas, en los Estados Unidos y en Ciudad Acuña, Coahuila, antes de mudarse a Piedras Negras, Coahuila. Nacho preparó su primer platillo de Nacho's Special en el Club Victoria en 1940. Mucha gente llegó a Piedras Negras y saboreó los nachos originales en el restaurante de Rodolfo y el de Nacho, incluido el presidente de los Estados Unidos, Lyndon B. Johnson, el actor norteamericano John Wayne y los actores mexicanos Mario Moreno "Cantinflas" y Ricardo Montalbán. El famoso

Ignacio (Nacho) Anaya con su hija Norma y sus nietos Luis, Evangeline y Rosa Martha, ca. 1963

Foto cortesía de Norma Anaya

invento de Nacho fue tan popular que se dio a conocer por todo el mundo. Hoy la gente puede pedir nachos en cualquier tipo de restaurante, en los estadios deportivos, en los cines, en las barras de botanas de cualquier lugar desde Nueva York hasta Tokio y más allá. A veces se le agregan frijoles, guacamole, crema agria, carne molida y/o pollo. Pero el Nacho's Special original, tal como lo inventó Nacho, consiste solo en trozos de tortilla frita y queso cheddar derretido con rajas de chile jalapeño en escabeche encima. El escabeche originalmente se preparaba con chiles enteros o en rajas, pero tiempo después se cambió a rodajas, como lo conocemos ahora.

Mamie Finan nació en Hillsboro, Texas, en 1887. Cuando tenía dieciséis años se mudó a México con sus padres. Ahí se casó, vivió en un rancho con su esposo y sobrevivieron a los bandidos que rondaban su hogar. Cuando falleció su esposo, ella se mudó a Eagle Pass, Texas, justo al cruzar la frontera, a corta distancia del Club Victoria, y comenzó a vender seguros.

Rodolfo de los Santos abrió su primer restaurante, El Moderno, cuando tenía veintidós años. Usó el dinero que ganó para apoyar a su madre, hermanos y hermanas. Alrededor de 1939, abrió el Club Victoria en Piedras Negras, donde Nacho trabajó por más de veinte años. Rodolfo estaba tan agradecido con Nacho por tantos años de servicio, que le obsequió un equipo de cocina para su nuevo restaurante cuando cerró el Club Victoria.

Con el tiempo, la palabra Special desapareció del nombre de la botana, así como sucedió con el apóstrofe de Nacho's. La mayoría de la gente alrededor del mundo no sabe que fue una persona real—un hombre llamado Nacho—quien creó este popular platillo. La ciudad de Piedras Negras, sin embargo, nunca lo olvidó. Cada año, cerca del 21 de octubre, cuando se celebra el Día Internacional del Nacho, Piedras Negras festeja durante tres días el "Nacho Fest" con música, juegos y, lo mejor de todo, muchos nachos.

NOTA DE LA AUTORA y AGRADECIMIENTOS

Como suele suceder con las historias orales, existen muchas versiones de la historia de Nacho. Algunos dicen que inventó su famosa botana en El Moderno o en Ma Crosby's en Ciudad Acuña. Algunos dicen que Mamie llevó con ella de diez a doce esposas de militares cuando llegó al Club Victoria. Una versión, incluso, dice que Nacho sirvió los primeros nachos ¡a un grupo de soldados! La historia que yo he contado aquí está basada en los primeros relatos que pude encontrar, un artículo de periódico de 1954 donde el reportero entrevistó a Nacho en persona. Complementé los detalles con un artículo posterior, y con información que recolecté durante una visita a Piedras Negras y Eagle Pass, y mediante la comunicación que sostuve con los descendientes de Ignacio Anaya, Mamie Finan y Rodolfo de los Santos. Estoy muy agradecida con Luis Ignacio Anaya, Marcela Anaya, Norma Anaya, Alana Avery, Evita Avery, Patricia Finan de los Santos, Rodolfo de los Santos Jr., Sandra Martinez de la Cámara de Comercio de Eagle Pass y con la Oficina de Convenciones y Visitantes de Piedras Negras, por su generosidad al ayudarme a estar lo más cerca posible de la forma en que realmente sucedieron los hechos.

FUENTES CITADAS

página 12: "Nacho, estamos... algo distinto?" Ignacio Anaya citado por Clarence J. LaRoche en "Nacho's? Natch!". *San Antonio Express and News* (23 de mayo de 1954): 3H.

página 19: "¿Cómo... botanas?" Ibidem.
"Bueno... de Nacho". Ibidem.

contraportada: "No sabía... Arabia Saudita". Ignacio Anaya citado por Bill Salter, "'Nacho' Inventor Hasn't Profited." *San Antonio Express and News* (5 de junio de 1969): 97.

FUENTES DE LA AUTORA

Anaya, Luis Ignacio (nieto de Ignacio Anaya), correspondencia por correo electrónico con la autora; octubre 2016–noviembre 2019.

Anaya, Marcela (nieta de Ignacio Anaya), mensaje de texto dirigido a la autora; 28 de septiembre de 2016.

Avery, Alana (bisnieta de Mamie Finan), entrevista personal con la autora; 10 de noviembre de 2016.

Avery, Evita (nieta de Mamie Finan), correspondencia por correo electrónico con la autora; 1 de septiembre de 2016.

de los Santos, Patricia Finan (nieta de Mamie Finan), entrevista personal con la autora, 2 de octubre de 2016; correspondencia por correo electrónico con la autora, octubre 2016–noviembre 2019.

de los Santos Jr., Rodolfo (hijo de Rodolfo de los Santos Sr.), entrevista personal con la autora, 2 de octubre de 2016; correspondencia por correo electrónico con la autora, octubre 2016– septiembre 2019.

Finan, Mamie T. Entrevista por Sarah E. John, 11 de noviembre de 1977, entrevista 341. Institute of Oral History, University of Texas at El Paso. https://digitalcommons.utep.edu/interviews/341/.

LaRoche, Clarence H. "Nacho's? Natch!" *San Antonio Express and News*, 23 de mayo de 1954: 3H. Acceso por suscripción. https://newspaperarchive.com.

Peña de los Santos, Adalberto y Romina Mendoza (representantes de la Oficina de Convenciones y Visitantes de Piedras Negras, Coahuila, México), entrevista personal con la autora, 1 de octubre de 2016.

Rodríguez, Josué. "Arranca en Piedras Negras el Internacional 'Nacho Fest'; esperan 25 mil personas." Vanguardia, MX, 12 de octubre de 2016. https://vanguardia.com.mx/articulo/arranca-en-piedras-negras-el-internacional-nacho-fest-0.

Salter, Bill. "'Nacho' Inventor Hasn't Profited." *San Antonio Express and News*, 15 de junio de 1969: 97. Acceso por suscripción. https://newspapers.com.

Publicidad del Club Victoria. *Cristal City Zavala County Sentinel*, 11 de mayo de 1956. Acceso por suscripción. https://newspaperarchive.com.